파브르 곤충기 5

파브르와 손녀 루시의 왕독전갈 여행

지연리 그림

한국과 프랑스에서 서양화와 조형 미술을 공부했습니다. 〈2022여름 우리나라 좋은 동시〉〈작은 것들을 위한 시〉〈내가 혼자 있을 때〉 등 다수의 도서에 삽화를 그렸고, 〈북극 허풍담〉 시리즈, 〈북극에서 온 남자, 울릭〉〈오늘도 살아내겠습니다〉〈두 갈래 길〉〈뿔비크의 사랑 이야기〉〈숲은 몇 살이에요〉 등의 도서를 우리말로 옮겼습니다. 쓰고 그린 책으로 〈파란 심장〉〈자기가 누구인지 모르는 코끼리 이야기〉가 있습니다.

김춘옥 엮음

1997년 아동문예에서 동화 「도시로 간 호박」으로 신인상을 수상했고, 1999년 한국일보 신춘문예에서 동화 「박물관 가는 길」이 당선되었습니다. 지은 책으로는 〈내일로 흐르는 강〉〈둥글둥글 지구촌 신화 이야기〉〈서천꽃밭 한락궁이〉 등이 있습니다.

Souvenirs Entomologiques

파브르 곤충기 5
파브르와 손녀 루시의 왕독전갈 여행

Jean Henri Fabre 원작

1판 1쇄 발행 2023년 5월 19일 | 1판 2쇄 발행 2025년 5월 2일

엮은이 김춘옥 | 그린이 지연리
펴낸이 정중모 | 펴낸곳 열림원어린이 | 등록 1988년 1월 21일(제406-2000-000202호)
주간 서경진 | 편집 정혜연, 김보라 | 디자인 권순영 | 마케팅 홍보 고다희
디지털콘텐츠 구지영 | 제작 윤준수 | 회계 김선애
주소 경기도 파주시 회동길 152
전화 031-955-0670 | 팩스 031-955-0661 | 홈페이지 www.yolimwon.com
전자우편 bbchild@yolimwon.com
ISBN 978-89-6155-112-0 77400, 978-89-6155-985-0(세트)

어린이제품안전특별법에 의한 제품 표시
제조자명 열림원어린이 | 제조년월 2025년 4월 | 제조국 대한민국 | 사용연령 7세 이상

파브르 곤충기 5

파브르와 손녀 루시의 왕독전갈 여행

열림원어린이

어려운 일이 있어도

결코 타인의 힘을 빌려서는 안 된다.

반드시 스스로 극복해야 한다.

읽기 전에

여러분은 전갈에 대해 들어 본 적이 있나요? 아마, 이름은 누구나 알고 있을 거예요. 그러나 전갈의 생활에 대해 자세히 알고 있는 사람은 별로 없을 거예요.

지구상에는 약 1,000여 종의 전갈이 살고 있다고 합니다. 전갈은 아프리카나 인도 같은 열대 지방의 절지동물입니다. 프랑스 남부 지방에서도 볼 수 있지요. 프랑스 남부 기후는 아프리카의 북부와 닮아서 아주 건조하고, 여름이 덥습니다. 이런 건조한 황야 같은 곳에 전갈이 살고 있답니다.

바로 파브르 선생님이 살던 세리냥의 집 주위에 이러한 돌투성이 황무지가 있었답니다. 이곳에는 전갈들이 많이 살고 있었지요. 파브르 선생님은 지금까지 잘 알려져 있지 않은 전갈들의 생활에 대해 연구하기로 했습니다. 전갈이 바위나 돌 밑에 숨어서 어떻게 살아가는지, 짝짓기는 언제 하는지, 새끼는 어떻게 기르는지를 살펴보기로 했답니다.

그러면 지금부터 전갈이 어떻게 살아가는지 함께 읽어 볼까요.

차례

왕독전갈은
왜 숨어서
살까?

왕독전갈은 햇빛을 싫어할까? 14

애벌레는 독침에도 죽지 않아? 56

전갈과 지네 중 누가 셀까? 82

수컷 독전갈은 왜
암컷을 피할까? 114

파브르 선생님이 아비뇽 학교에서 교사로 있을 때 왕독전갈을 처음 보았습니다.
　선생님은 왕지네를 채집하려고 뵈르누브 언덕에 자주 갔습니다.
　그때 돌을 들추면 왕독전갈이 가위처럼 생긴 양쪽 다리를 벌리고 덤빌 준비를 하고 있었지요. 선생님은 돌에서 얼른 손을 떼고 물러났답니다.
　그 뒤 50년이 지난 어느 날이었습니다.
　세리냥에 집을 갖게 된 선생님은 여전히 곤충 연구에 골몰하고 있었습니다.

세리냥의 언덕 남쪽, 돌투성이 황무지는 전갈의 천국이었지요. 선생님은 바로 이곳에서 왕독전갈을 연구하게 된 것이랍니다.

　이제부터 여러분이 떠나게 될 이야기 나라에는 파브르 할아버지와 손녀 루시가 함께 떠난 왕독전갈 세상이 펼쳐집니다.

왕독전갈은 햇빛을 싫어할까?

비탈밭은 햇빛이 잘 비치고 자갈과 모래가 섞여 있어서 풀도 나무도 자라지 못하는 메마른 땅이었지요.

왕독전갈들에게는 더없이 살기 좋은 곳이었습니다.

"아, 따뜻해."

암컷 왕독전갈인 왕독이는 입구에 나와 가만히 있습니다.

전갈들은 겨울이 되면 좀처럼 밖으로 나오지 않습니다. 날씨가 좋을 때만 입구에 나와 따뜻해진

돌로 등을 데우는 것이지요.

전갈들이 겨울 동안에 하는 일은 이것뿐이랍니다.

"앗!"

왕독이가 따뜻한 돌에 등을 기대고 있다가 깜짝 놀라 외쳤습니다.

지붕으로 삼은 돌이 갑자기 움직이며 하늘로 솟아올랐기 때문입니다.

"뭐야?"

왕독이는 꼬리를 등 위로 말아 올리고 가위처럼 생긴 다리를 벌리면서 덤빌 태세를 취했습니다.

왕독이에게로 커다랗고 이상한 물체가 다가오다가 얼른 비켜났습니다.

이상한 물체는 둥글게 생긴 머리와 판판한 가

슴, 길게 뻗은 팔과 다리로 이루어진 동물이었습니다.

"그래, 움직이는 나무가 틀림없어."

왕독이는 엄마가 일러 주던 말이 생각났습니다.

'움직이는 나무들은 스스로를 인간이라고 부른단다. 움직이는 나무들을 조심해야 해. 몸집이 아주 커서 그들의 발에 밟히면 순식간에 목숨을 잃는단다. 그래도 우리들에게는 독침이 있지. 독으로 그들을 위협할 수가 있단다.'

왕독이는 꼬리 끝에 더욱 힘을 주며 위협적인 자세를 늦추지 않았습니다.

구부러진 침에는 투명한 독 물방울이 번쩍이고 있었지요.

"그럼 그렇지."

왕독이는 멈칫하고 서 있는 움직이는 나무를 올려다보았습니다.

전갈의 눈은 여덟 개나 됩니다.

머리가슴의 한가운데에는 큰 눈이 두 개 있습니다.

이 눈은 광각 렌즈같이 둥글게 튀어나와 주위를 넓게 살필 수 있지만 그 대신 근시랍니다.

나머지 눈은 아주 작은데, 몸의 앞쪽 끝에 좌우로 세 개씩 한 줄로 모여 있어서 전갈의 눈에 이 세상이 어떻게 보일지 우리는 상상하기 어렵답니다.

"어서 꺼지지 못해!"

왕독이가 위협하듯이 소리를 질렀지만, 움직이는 나무는 꿈쩍도 하지 않았습니다.

이내 커다란 손이 왕독이를 향해 다가왔

습니다.

"에잇!"

왕독이는 큰 집게를 휘둘렀습니다.

그러나 움직이는 나무의 손에 들려 있는 핀셋에 겨우 닿을 뿐이었습니다.

다음 순간, 왕독이는 꼼짝도 할 수가 없었습니다.

움직이는 나무가 핀셋으로 왕독이의 꼬리를 눌렀기 때문입니다.

"아이고."

왕독이는 두꺼운 종이 주머니 속에 갇히고 말았습니다.

왕독이는 한 쌍의 큰 집게와 네 쌍의 다리로 발버둥 쳤습니다.

그러나 주머니는 꿈쩍도 하지 않았습니다.

왕독이는 불안한 마음으로 조용히 어둠 속에 있었습니다.

"이제 어디로 가는 걸까?"

그동안 정든 집을 떠나려니 가슴이 아팠습니다.

왕독이는 언제나 혼자 있기를 좋아했습니다.

넓적한 돌 밑에 7, 8센티미터 되는 구멍은 아무도 방해할 수 없는 혼자만의 집이었지요.

그렇게 자신만의 집에서 따뜻하게 데워진 돌 지붕에 등을 기대고 있으면 한없이 기분이 좋았습니다.

왕독이가 생각하는 사이에도 주머니는 계속해서 흔들렸습니다.

얼마 후, 종이 주머니가 열렸습니다.

왕독이는 핀셋에 잡혀서 밖으로 나왔습니다.

그러나 주머니에서 나오자마자 다시 철망에 갇혔습니다. 철망은 큰 테이블 위에 놓였는데, 바닥에 흙이 들어 있는 커다란 화분을 덮고 있었습니다.

그런 화분은 왕독이가 있는 화분 말고도 몇 개 더 있었습니다.

"여기는 어디일까?"

왕독이는 불안한 마음에 햇빛이 내리쬐는 것도 몰랐습니다.

곧 햇빛이 몸에 닿았습니다.

햇빛이 싫어
어두운 곳이 좋아

하늘은 싫어
지붕이 있는 곳이 좋아

왕독이는 얼른 주위를 둘러보았습니다.

가까운 곳에 화분 조각이 보였습니다.

"우선 집을 만들어야겠어."

왕독이는 네 번째 다리로 몸을 버티면서 앞쪽의 여섯 개 다리로 흙을 팠습니다.

그러고는 꼬리를 수평으로 뻗쳐 파낸 흙을 쭉 밀어냈습니다.

흙을 파는 일은 빠르고 능숙했답니다.

큰 집게로 구멍을 파면 수월하겠지만 구멍을 파는 일에는 절대로 쓰지 않습니다.

먹이를 먹을 때와 적과 싸울 때, 걸으면서 앞을 더듬을 때만 사용한답니다.

"이제 됐어."

집을 다 만들자, 왕독이는 얼른 화분 조각으로 된 지붕 밑으로 파고 들어갔습니다.

불안한 마음이 조금은 가라앉았습니다.

"참 이상한 마을이야."

왕독이는 아무리 생각해도 알 수가 없었습니다.

지금까지 본 적이 없는 이상한 곳이었습니다.

그래도 당장은 밖으로 나갈 필요가 없어서 안심입니다. 또 먹지 않아도 되니까요.

전갈은 10월부터 다음 해 4월까지 집 안에서 밖으로 나오지 않습니다.

겨울잠을 자는 것도 아닌데, 6, 7개월이나 되는 긴 시간 동안 아무것도 먹지 않고 지낸답니다.

4월이 되었습니다.

"이제 슬슬 밖으로 나가 볼까?"

왕독이는 화분 조각 밑에서 밖으로 나왔습니다.

낮에는 천천히 걸어 다니기도 하고 철망가에 가만히 있기도 했습니다.

4월이 되면 전갈의 생활은 갑자기 변합니다.

전갈들은 밖으로 나와 산책을 하거나 다시 집 속으로 들어가지 않기도 한답니다.

"철망 밖으로 나갈 수는 없을까?"

왕독이는 철망을 기어 올라갔습니다.

그러나 아무리 올라가도 다시 땅으로 돌아왔습니다.

땅과 바깥 사이에는 빠져나갈 구멍이라곤 없었습니다.

"갇혔어."

왕독이는 이곳에서 나갈 수 없다는 것을 깨달았습니다.

 그때 움직이는 나무가 철망 문을 열고 사마귀 새끼와 날개 잘린 배추흰나비를 넣었습니다.
 "앗."
 사마귀 새끼와 마주친 왕독이는 깜짝 놀라 도망 쳤습니다.
 파닥파닥.
 이번엔 날개 잘린 배추흰나비가 왕독이의

집게에 닿았습니다.

왕독이는 흠칫 놀라서 또 달아납니다.

"겁쟁이."

배추흰나비가 왕독이를 놀리며 날개를 파닥거렸습니다.

전갈은 여간 배가 고프지 않으면 상대를 공격하지 않습니다.

또한 전갈은 살아 있는 생물만 먹습니다.

이 점은 사마귀나 거미와 같지요.

죽은 것은 씹지 않습니다.

또 지나치게 몸이 크거나 딱딱해도 먹지 않는답니다.

다음 날이었습니다.

움지이는 니무가 가까이 다가오더니, 사마귀 새끼와 배추흰나비를 꺼내 갔습니다.

혼자 있고 싶어
생각하는 것이 좋아

조용히 있고 싶어
상상의 나라가 좋아

왕독이는 집으로 들어와 여러 날을 가만히 지냈습니다.

움직이는 나무도 며칠간은 새로운 녀석들을 철망 안으로 넣지 않았습니다.

철망 밖에서 어슬렁어슬렁 왔다 갔다 할 뿐이었습니다.

"웬일이지?"

왕독이는 슬그머니 집 입구에 나와 주위를 살폈습니다.

이미 해가 지고 어두웠습니다.

"별일 없겠지?"

왕독이는 이리저리 살피며 슬금슬금 기어 나왔습니다. 꼬리를 둥글게 등으로 말아 올리고 걷기 시작했습니다.

바로 그때였습니다.

무엇인가가 땅 위에서 팔딱거리고 있었습니다.

"또, 뭐지?"

왕독이가 궁금한 듯 다가갔습니다.

 갑자기 여기저기서 배추흰나비와 산호랑나비들이 아우성을 치며 팔딱거리기 시작했습니다.
 열 마리도 더 되는 것 같았습니다.
 "에이, 조용하긴 틀렸네. 그래도 이왕 나왔으니

산책은 해야겠지."

오랜만에 나온 왕독이는 산책을 계속하기로 했습니다.

"아야! 누가 날 밟는 거야?"

배추흰나비가 소리쳤습니다.

그 순간 왕독이는 흠칫 뒤로 물러났습니다.

"그래, 저번에도 보았던 나비 종류인걸. 난 겁쟁이가 아니라구."

왕독이는 심호흡을 하고 배추흰나비를 지나쳐 걸었습니다.

이번엔 산호랑나비 한 마리가 왕독이의 등에 올라탔습니다.

"날 귀찮게 하지 마."

왕독이는 꾹 눌러 참으며 걸어갔습니다.

그러나 나비들은 아랑곳하지 않았습니다.
여전히 왕독이의 집게 밑으로 들어가기도 하고,
입 바로 옆에서 팔딱거리기도 했습니다.

"정말 화가 나네, 더 이상 못 참겠어."
왕독이는 땅 위에서 팔딱거리는 나비 한 마리를 입으로 물었습니다.

그리고 이리저리 흔들었습니다. 이럴 때, 왕독이는 집게를 앞을 더듬기 위해서만 사용한답니다.

"아이구, 나 죽네."

산 채로 물린 나비는 있는 힘을 다해 발버둥 쳤습니다.

"시끄러운 건 질색이라니까."

왕독이가 소리치자, 나비는 더욱더 악을 쓰며 울부짖었습니다.

"조용히 못 해!"

왕독이는 점점 화가 치밀어 올랐습니다.

그래서 걸어가면서 독침으로 나비를 푹푹 찔러 버렸습니다.

 전갈의 갈고리 침 끝에는 아주 작은 구멍이 있어 물과 같이 투명한 액체가 나옵니다. 갈고리 침은 무척 단단해서 마분지를 찌르면 푹푹 뚫릴 정도이지요.
 나비는 이내 조용해졌습니다.
 "이제 좀 살겠군."
 왕독이는 나비를 내던져 버리고 집으로 들어왔습니다.
 "아, 내가 살던 곳으로 돌아가고 싶어."
 왕독이는 비탈밭을 떠올렸습니다.

햇빛이 돌 지붕을 데우지
따뜻한 돌은 기분이 좋아

자갈과 모래가 빗물을 걸러 내지
보송보송한 모래는 기분이 좋아

비탈밭은 왕독이가 나고 자란 곳이었습니다.
왕독이는 언젠가 반드시 그곳으로 돌아가리라고 다짐했습니다.

애벌레는 독침에도 죽지 않아?

어느덧 철망 밖에는 털가시나무 꽃이 피어 주변이 온통 진한 노란색이었습니다.

그리고 나무 주위에는 썩덩벌레 무리들이 구름같이 날고 있었습니다.

몸길이가 1.5센티미터 정도이고 딱지 날개가 말랑거리는 갈색날개썩덩벌레였습니다.

움직이는 나무는 썩덩벌레를 철망 안으로 넣어 주었습니다.

"마침 배가 고프던 참이었는데."

왕독이는 입맛을 다시며 썩덩벌레 쪽으로 걸어 갔습니다.

썩덩벌레는 땅 위에 꼼짝도 않고 있습니다.

왕독이는 마치 나무 열매를 집듯이 집게 끝으로 썩덩벌레를 잡았습니다.

그리고 포크로 식사를 하듯이 천천히 입으로 가져가서 씹기 시작했습니다.

썩덩벌레가 아직 살아서 발버둥 쳤습니다.

"가만히 좀 있으라구."

왕독이가 썩덩벌레를 향해 속삭였습니다.

그러고는 꼬리에 있는 독침을 입까지 가져가서 가만히 썩덩벌레를 찔렀습니다.

썩덩벌레는 곧 잠잠해졌습니다.

왕독이는 썩덩벌레를 씹으면서 몇 번 더 독침으로 찔렀습니다.

덥석덥석 먹지 않아
오랫동안 질겅질겅 씹어

바쁘게 먹지 않아
몇 시간 동안 천천히 씹어

왕독이는 꽤 오랫동안 썩덩벌레를 씹었습니다. 씹은 썩덩벌레는 우그러진 공 모양이 되었지요. 이것은 목에 걸리기 때문에 삼킬 수 없어서, 왕독이는 집게로 이 찌꺼기를 입에서 꺼냈습니다.

"아, 배불러."

이제 왕독이는 한동안 먹지 않아도 됩니다.

전갈은 아주 조금만 먹고, 배가 고프지 않으면 먹이를 입에 대지 않으니까요.

어느덧 봄이 지나갔습니다.
"메뚜기와 여치네."
왕독이가 사는 철망 안에 메뚜기와 여치가 새로 들어왔습니다. 움직이는 나무는 가끔씩 철망 안으로 곤충들을 넣었다가 끼내기곤 했습니다.
지금까지 쥐며느리, 노래기, 애거저리, 길앞잡

이 등이 다녀갔습니다.

　메뚜기와 여치는 더듬이 길이로 구분한답니다.

　긴 것이 여치이고, 짧은 것이 메뚜기이지요.

"산책을 나가야지."

　밤이 되자, 왕독이는 집에서 나가 조용조용 걷기 시작했습니다. 늦은 시간이라 메뚜기들은 활발하게 움직이지 않았지요.

"아이쿠."

왕독이는 팔딱팔딱 뛰는 메뚜기 때문에 깜짝 놀라 몸이 움츠러들었습니다.

그래서 얼른 집으로 들어갔습니다.

그때, 메뚜기 한 마리가 왕독이의 집으로 뛰어들었습니다.

바로 왕독이의 집게 가까이 있었지요.

그런데도 왕독이는 아무 일도 않고 가만히 있습니다.

배도 고프지 않고, 또 메뚜기가 위협하지도 않기 때문이었지요.

"에이, 심심해."

집 안을 둘러보던 메뚜기는 이내 집 밖으로 나갔습니다.

가을이 되었습니다.

"랄랄라 랄랄라."

이번엔 귀뚜라미 여섯 마리가 새로 들어와서 노래를 불렀습니다.

배가 통통하고 몸이 연하여 맛있을 것 같은 귀뚜라미입니다.

배춧잎을 맛있게 먹고 있었지요.

마침 집을 나와서 주변을 걷고 있던 왕독이가 귀뚜라미를 향해 다가갔습니다.

"아이고."

왕독이 집게에 귀뚜라미 한 마리가 닿았습니다.

왕독이는 깜짝 놀라 방향을 싹 바꾸어 달아났습니다.

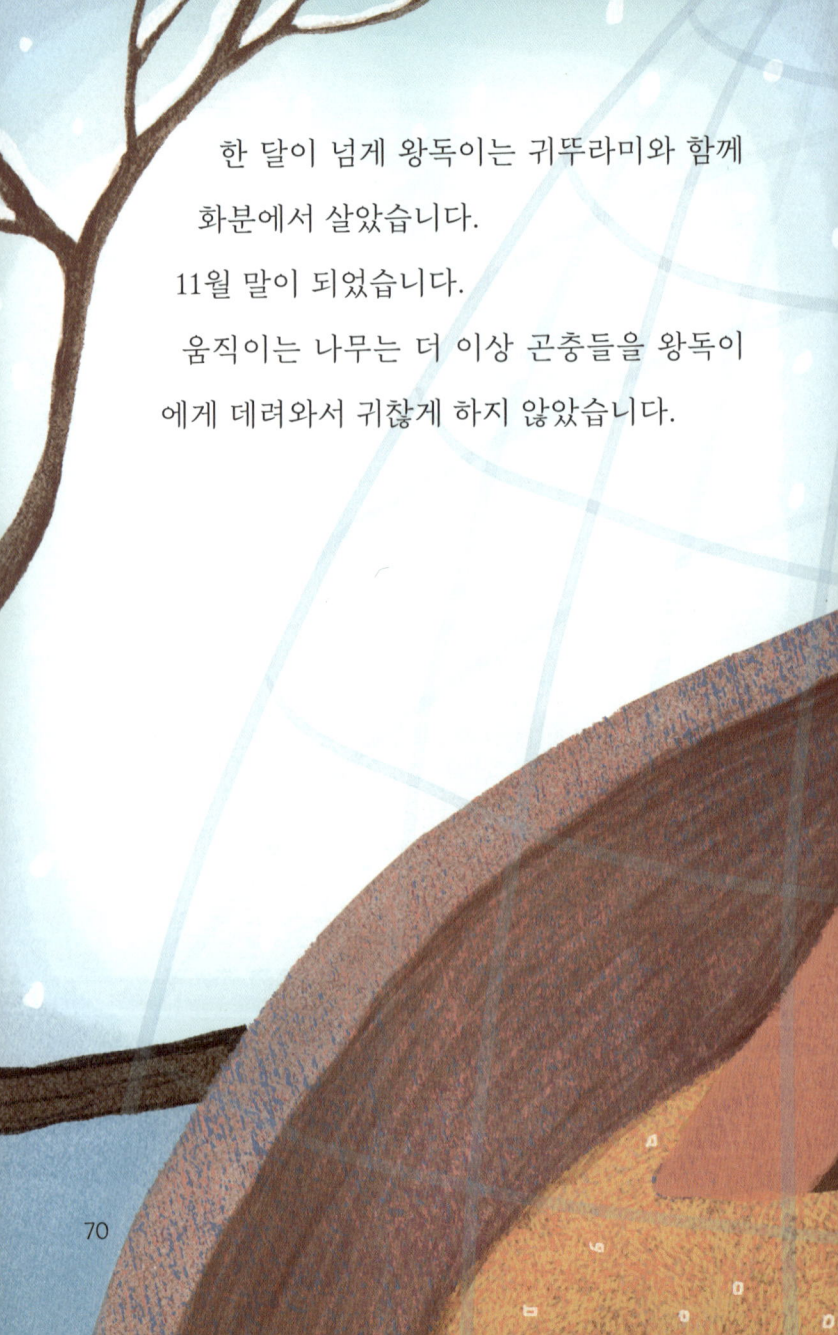

한 달이 넘게 왕독이는 귀뚜라미와 함께 화분에서 살았습니다.
11월 말이 되었습니다.
움직이는 나무는 더 이상 곤충들을 왕독이에게 데려와서 귀찮게 하지 않았습니다.

곤충들이 모두 모습을 감추는 시기였기 때문이지요.

"이제야 마음 놓고 쉴 수가 있군."

왕독이는 화분 조각 밑에서 가만히 쉬고 있었습니다.

덜컹.

왕독이는 철망 문 여는 소리에 소스라치게 놀라 입구로 달려 나왔습니다.

"저게 뭐지?"

땅에는 이상하게도 배를 뒤집어 등으로 걷는 애벌레가 여러 마리 있었습니다.

꽃무지 애벌레였습니다.

"이놈은 무서운 적도 아니잖아."

왕독이는 관심이 없는 듯 멀뚱멀뚱 쳐다만 보았습니다.

"아이고, 무서워."

애벌레는 등으로 힘껏 걸으면서 도망을 쳤습니다. 화분 가장자리로 빙빙 돌면서 왔다 갔다 합니다.

그때였습니다.

움직이는 나무가 애벌레를 왕독이에게 부딪치게 했습니다.

그리고 침으로 왕독이를 쿡쿡 찔렀습니다.

"이놈이 날?"

왕독이는 애벌레가 자기를 공격한다고 생각해서 꼬리 끝의 독침으로 애벌레를 쿡 찔렀습니다.

"아야."

애벌레의 몸에서 피가 흐르기 시작했습니다.

애벌레는 몸을 돌돌 말고 있다가 잠시 후 다시 걷기 시작했습니다.

등을 땅에 대고 보통 때처럼 걸었습니다.

"독에 꿈쩍도 않잖아."

왕독이가 놀라서 중얼거렸습니다.

다른 애벌레들이 계속해서 왕독이에게 다가왔습니다.

그때마다 왕독이는 독침을 찔렀지만, 애벌레들은 아무렇지도 않았습니다.

곤충의 애벌레는 대부분 전갈에게 찔려도 별 문제가 없답니다.

애벌레는 그냥 먹고 자랄 뿐이지요.

몸 전체가 소화기관과 같고 구조도 단순해서 죽지 않는 것이랍니다.

"이상한 녀석들이야."

왕독이는 고개를 절레절레 흔들면서 집으로 들어갔습니다.

"이제 쉬어야겠어."

긴 겨울 동안 왕독이는 아무것도 하지 않고 지냈습니다.

가끔씩 입구에 나와 햇빛에 달구어진 화분 조각 지붕에 등을 대고 있을 뿐이었습니다.

겨울이 가고, 봄이 왔습니다.

왕독이는 화분 조각 밑에서 밖으로 나왔습니다.

"다시 봄이 왔네. 나도 엄마가 될 수 있을까?"

왕독이는 마음속에서 새로운 감정이 일어나고 있는 것을 알았습니다.

"그래, 짝짓기를 할 때야."

왕독이는 누가 가르쳐 주지 않았는데도 스스로 알게 되었습니다.

수컷을 만나서 결혼을 하고 아기를 가져야 한다는 것을 말이에요.

그러나 이곳에서는 꿈도 꿀 수 없는 일이었습니다.

혼자 갇혀 있기 때문이었지요.

"엄마."

왕독이는 갓 태어나 엄마 등 위에서 지낼 때가 생각났습니다.

엄마는 전갈들의 마을이며 숲속 이야기를 형제 자매들에게 들려주었습니다.

그때, 왕독이는 엄마처럼 아기들에게 이야기를 해 주어야겠다고 생각했습니다.

"이곳에서 나갈 수가 있을까?"

그러나 비탈밭으로 돌아가겠다는 결심은 점점 흐려지기만 합니다.

갑자기 지붕이 흔들리기 시작했습니다.

움직이는 나무가 화분 조각 지붕을 들어 올리고 있었습니다.

"또, 어떻게 하려는 거지?"

왕독이는 집게에 힘을 주고 움직이는 나무를 올

려다보았습니다.

그러나 어찌할 수도 없는 사이에 핀셋에 꼬리를 잡히고 말았습니다.

그 후 왕독이는 종이 주머니에 갇혔습니다.

전갈과 지네 중 누가 셀까?

"아아, 여긴 어디지?"

주머니에서 풀려난 왕독이는 주위를 둘러보았습니다.

화분 철망보다 훨씬 넓은 곳이었습니다.

한쪽은 움직이는 나무가 사는 집이고, 반대쪽은 향나무 울타리가 빙 둘러 가며 쳐져 있었습니다.

향나무 울타리 밖에는 회벽 울타리가 하늘을 찌

를 듯이 높게 솟아 있었지요.

전갈들은 한꺼번에 땅 위로 풀려 났습니다.

왕독이 외에도 20여 마리의 전갈들이 이곳으로 잡혀 왔던 모양입니다.

전갈들은 서로 마주치지 않게 피하면서 넓적한 돌을 찾아갔습니다.

"나도 집을 지어야지."

왕독이가 찾은 돌 밑에는 이미 입구가 오목하게 파인 곳이 있었습니다.

왕독이는 돌 밑에 얕은 구멍을 파서 집을 지었습니다.

모래가 섞인 흙은 꽤 부드러웠습니다.

"움직이는 나무가 왜 우리를 살려 두는 거지?"

엄마 말에 의하면 움직이는 나무들은 전갈을 싫어해서 죽인다고 했습니다.

"난 그저 혼자 살고 싶을 뿐인데."

왕독이는 서글픈 생각이 들었습니다.

바로 그때였습니다.

"헤헤헤, 여긴 괜찮은 곳이로군."

지네 한 마리가 슬그머니 왕독이의 집으로 기어들어왔습니다.

그것은 지네 종류 중에서 가장 강한 스코로펜트라 모르시탄스였습니다. 다리가 스물두 쌍이나 되고 작은 용처럼 생긴 녀석이었습니다.

왕지네의 일종으로 몸의 길이가 12센티미터나 된답니다.

"하룻밤만 신세지자고."

지네는 집 안을 발 빠르게 돌면서 왕독이를 툭툭 건드렸습니다.

"어서 나가, 여긴 내 집이라고."

"누가 모른대?"

녀석이 능청스럽게 웃었습니다.

"이 녀석이 정말?"

왕독이는 슬슬 화가 치밀어 올랐습니다.

"이래도 못 나가?"

왕독이는 지네의 머리 근처를 집게로 꽉 물었습니다.

"아이고, 이놈이 날 물었네."

지네는 몸을 뒤틀며 발버둥 쳤습니다.

"독 맛 좀 보고 싶어?"

왕독이는 침착하게 집게로 꼭 누르고, 독침으로 서너 번 지네의 몸을 쿡쿡 찔렀습니다.

전갈의 침은 심하게 구부러져 있어서 배를 반듯하게 펴면 침 끝이 밑을 향하게 됩니다.

양쪽 집게로 꽉 누르고 적의 머리 위에서 이 침으로 찌르는 것이지요.

이것이 전갈의 필승 전법이랍니다.

"흥, 내가 물러설 줄 알고?

지네도 안간힘을 다해 독 이빨을 벌려 물려고 합니다.

그러나 왕독이의 집게에 눌려 마음대로 되지 않았습니다.

왕독이는 차츰 기운이 빠졌습니다.

지네도 기운이 빠지는 것 같았지만 끝까지 버텼습니다.

"잠시 휴전하는 게 어때?"

왕독이는 집게를 풀고 옆에서 쉬기로 했습니다.

"좋아."

지네가 힘없이 대답했습니다.

지네는 자기 상처를 핥기 시작했습니다.

몸에 난 상처에서는 피가 흐르고 있었습니다.

"대단한 녀석이야. 독침을 맞고도 버티는 걸 보면."

왕독이는 아무런 상처도 입지 않았습니다.
두 시간이 흘러갔습니다.

"이제 정신이 나는군."

지네는 다시 기운을 차리고 왕독이를 노려보았습니다. 그러나 덤빌 힘은 없는지 구석에 잠자코 있었습니다.

다음 날, 싸움은 다시 시작되었습니다.

지네는 왕독이에게 당할 수가 없었습니다.

어제처럼 왕독이에게 다가가기도 전에 집게에 잡히고 말았습니다.

지네는 모두 일곱 번이나 왕독이의 독침에 찔렸습니다.

마침내 4일째 되는 날, 지네는 죽었습니다.

며칠 동안 날이 흐리고 비가 내렸습니다.

왕독이는 집에서 웅크린 채 가만히 있었습니다.

"이곳이 싫어. 돌아가고 싶어."

머릿속에는 오로지 고향 비탈밭뿐이었습니다.

후드득후드득.

돌 지붕에 빗방울 부딪치는 소리가 점점 작아졌습니다.

왕독이는 밖으로 나와 얼굴을 내밀었습니다.

"아아."

환한 햇빛이 쏟아졌습니다.

햇빛은 돌 지붕의 물기를 걷어 내고 들판을 말려 주었습니다.

"그래, 울타리로 가 보는 거야."

 왕독이는 집에서 나와 무작정 울타리 쪽으로 걸어갔습니다.
 곳곳에 전갈들이 집 입구에 나와서 가만히 있습니다.
 왕독이는 전갈들과 마주치지 않게 그들의 집을 빙 돌아서 걸었습니다.

전갈들은 서로 가까이 가는 것을 싫어해서 만나면 싸우기 때문이랍니다.
"저건 움직이지 않는 나무야."
한참을 가자, 하늘 높이 솟아 있는 향나무가 턱

버티고 있었습니다.

 움직이는 나무보다 훨씬 커서 끝이 어디인지 알 수 없었습니다.

 "그래, 이쪽으로 가면 비탈밭이 나올 거야."

 움직이지 않는 나무는 바람을 막아 주고 햇빛이 잘 드는 북쪽에 있었습니다.

반대쪽은 움직이는 나무가 사는 곳이므로 왕독이는 북쪽으로 가야만 했습니다.

움직이지 않는 나무를 지나서
회벽 울타리로

회벽 울타리를 지나서
비탈밭으로

왕독이는 움직이지 않는 나무를 지나 회벽 울타리를 향해 계속 걸어갔습니다.
"히히히, 어딜 가시나?"
갑자기 커다란 나르본늑대거미가 나타났습니다.

히죽히죽 기분 나쁘게 웃으며 왕독이를 노려보았습니다.
나르본늑대거미는 크고 강한 거미입니다.
무서운 독 이빨을 갖고 있어, 단 한 번 무는 것으로도 상대를 쓰러뜨린답니다.
"이런 겁쟁이, 어서 덤벼 보시지."

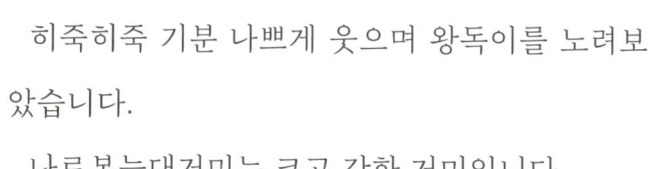

나르본늑대거미가 두 앞다리를 들고 이빨을 한껏 펴면서 이죽거렸습니다. 이빨 끝에서는 독 물방울이 반짝거리고 있었지요.
"좋아, 누가 도망갈 줄 알고? 난 여기를 지나가야 한다구."
왕독이는 집게를 앞으로 치켜들고 천천히 다가갔습니다.

"아이구, 무서워 죽겠네."
나르본늑대거미가 빈정거리듯 약을 올렸습니다.
"이 녀석이!"
왕독이는 나르본늑대거미의 몸을 재빨리 집게로 눌러 버렸습니다.
"핫."

나르본늑대거미는 마음이 급해졌습니다.

독 이빨로 물려고 해도 집게에 잡혀 있어서 왕독이의 몸에 이빨이 닿지 않았습니다.

"나, 왕독이를 우습게 봤겠다."

왕독이는 천천히 꼬리를 나르본늑대거미의 등 쪽으로 돌렸습니다.

재빠르지는 않지만 꼬리를 휘둘러 찔렀습니다.

"어디, 독 맛 좀 봐라."

왕독이는 나르본늑대거미의 몸에서 침을 빼지 않고 돌려 가면서 밀어 넣었습니다.

독액을 충분히 넣으려는 것이었지요.

금방 독의 효과가 나타났습니다.

나르본늑대거미는 다리를 부르르 떨더니 그대로 쓰러졌습니다.

"배가 고픈데 마침 잘됐군."

왕독이는 나르본늑대거미를 질근질근 씹어 먹었습니다.

그 큰 먹이가 마치 요술처럼 왕독이의 배 속으로 들어갔습니다.

조금만 먹는 왕독이는 특별한 위를 갖고 있는 듯했지요.

"어서 가야지."

왕독이는 회벽 울타리를 향해 다시 걷기 시작했

습니다.

드디어 회벽 앞에 서자, 심호흡을 한 번 했습니다.

"저 밖에 내가 살던 곳이 있을까?"

왕독이는 한 발짝 한 발짝 기어오르기 시작했습니다.

전갈의 다리 끝은 나무를 자른 것과 같이 뭉툭합니다.

그러나 구부러진 발톱이 달려 있어서 물건을 잡을 수 있게 되어 있답니다.

전갈은 둔해 보이지만 이 발톱을 이용하여 기어오르거나 천장에 매달릴 수 있지요.

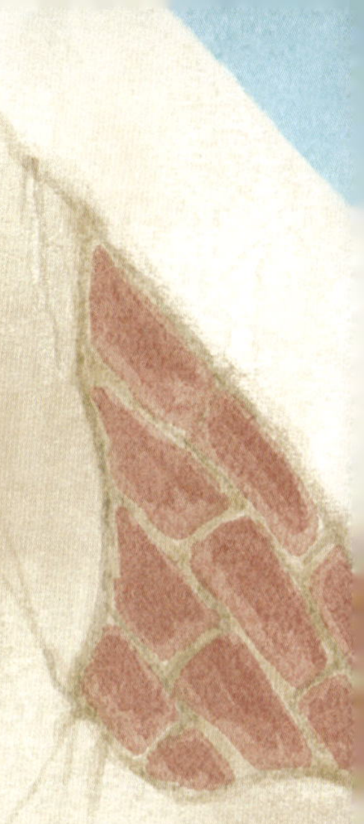

나는 나는

등산가

높은 곳을 기어오르지

나는 나는

벽 타기 선수

높은 벽을 기어오르지

왕독이는 계속해서 한 발짝 한 발짝씩 기어올라
갔습니다.
벽은 높이가 1미터나 되었습니다.
그러나 왕독이에게는 문제가 되지 않았습니다.
전갈은 벽 타기의 명수이니까요.

왕독이와 다른 종류인 검은전갈은 실제로 건물 2층까지도 올라갈 수 있습니다.

"야호, 탈출이다."

왕독이는 회벽 울타리 꼭대기에서 외쳤습니다.

"이제 비탈밭으로 돌아가는 거야."

왕독이는 신이 나서 반대쪽으로 내려갔습니다.
꼬리를 위로 치켜올려 머리 위에 놓고 걸었습니다.
발걸음이 한결 가벼웠습니다.
"조심해야겠어, 어떤 놈이 또 불쑥 나타날지 모르니까."
양쪽 집게를 앞으로 겨누어 더듬으며 조심조심

걸어갔습니다.

　왕독이는 풀숲 사이를 지나고 있었습니다. 풀 사이로 마른 바람이 불어왔습니다.

"아, 거의 다 왔어."

　왕독이는 비탈밭에서 불어오는 바람을 느낄 수 있었습니다.

수컷 독전갈은 왜 암컷을 피할까?

비탈밭은 예전 그대로였습니다.

햇빛과 메마른 땅은 왕독이의 마음을 한없이 기쁘게 했지요.

"아아, 따뜻해."

왕독이는 돌 밑에 집을 짓고 한동안 가만히 있었습니다.

하루하루 날씨가 더워졌습니다.

"아, 요즘은 이상한 기분이 들어."
왕독이는 자꾸만 가슴이 두근거렸습니다.
"산책이라도 해야지."
밖으로 나오자, 이미 해가 져서 어두웠습니다.
"무슨 소리지?"
어디선가 왁자지껄한 소리가 들려왔습니다.
왕독이는 소리 나는 쪽으로 다가가 보았습니다.
"앗."
그곳에는 크고 작은 전갈들이 모두 모여 있었습니다.

전갈의 몸은 보릿짚 같은 연한 금빛입니다.

그리고 몸의 크기로 5단계로 나눌 수 있답니다.

제1단계는 몸길이가 1.5센티미터이고, 제일 큰 5단계는 9센티미터 정도이지요.

전갈들은 한데 엉겨 몸싸움을 하는 것 같았습니다.

다리와 다리, 집게와 집게가 엉키고 꼬리를 치켜들고 부딪치기도 했습니다.

"뭐 하는 거지?"

머리에는 다이아몬드를 흩어 놓은 것 같은 작은 빛이 점점이 빛나고 있었습니다.

그것은 바로 달빛을 받은 전갈의 눈이었지요.

"안녕?"

그때, 빛나는 눈을 가진 수컷이 왕독이를 향해 다가왔습니다.

전갈의 수컷은 연한 갈색이고 배는 홀쭉합니다.

그러나 암컷은 훨씬 크고 뚱뚱합니다.

몸의 색깔도 수컷보다 짙어서 쉽게 구별한답니다.

"난 빛나는 눈이라고 해."

"난 왕독이야."

빛나는 눈은 왕독이의 머리에 자기 머리를 부딪쳤습니다.

"처음 보는 것 같은데."

빛나는 눈은 왕독이의 등 위로 올라가 걸으며 말했습니다.

"그래, 난 얼마 전에 이곳에 왔어."

왕독이는 꼬리를 들어 빛나는 눈을 살짝 쳤지요.

빛나는 눈도 꼬리로 왕독이를 건드렸습니다.

이때 전갈은 독침을 쓰지 않고 꼬리로 상대를 칠뿐입니다.

수컷과 암컷이 벌이는 놀이이기 때문이지요.

"아름다운 숙녀님. 저와 함께 가실까요?"

갑자기 다른 수컷이 나타났습니다.

수컷은 왕독이의 집게를 꽉 잡았습니다.

"어떻게 해?"

빛나는 눈은 얼른 왕독이의 다른 쪽 집게를 꼭 잡았습니다.

왕독이는 양쪽 집게를 두 마리의 수컷에게 하나씩 잡히고 말았습니다.

"양보할 수 없어."

빛나는 눈은 왕독이를 빼앗기지 않으려고 온 힘을 다해 집게를 당겼습니다.
"나도 마찬가지라구."
다른 수컷도 있는 힘을 다해 다리를 뻗치고 잡아당겼습니다.
꼬리의 뿌리 쪽이 부들부들 떨렸을 정도였지요.
"아이고, 아파라."
왕독이는 집게가 떨어져 나갈 것 같았습니다. 전갈은 한 마리의 암컷을 놓고 두 마리의 수컷이 싸우기도 합니다.

그런데 격투를 하거나 독침으로 찌르려고 하지는 않지요.

각각 암컷의 집게를 하나씩 쥐고 힘으로 당겨서 암컷을 빼앗으려고 한답니다.

"어서 포기해."

빛나는 눈이 다른 쪽 집게로 수컷을 잡으려 합니다.

"네가 포기해."

수컷도 상대를 붙잡으려 합니다. 이제 세 마리가 둥글게 원을 그리며 빙글빙글 돕니다. 마치 빠른 왈츠를 추고 있는 것 같지요.

"이제 그만 좀 해."

왕독이가 소리쳤습니다.

그러나 수컷들은 여전히 집게를 힘주어 잡아당겼습니다.

"그래, 네가 이겼다."

잠시 후, 수컷이 지쳤는지 집게를 놓았습니다.

그러고는 전갈들이 있는 무리 속으로 사라졌습니다.

"우린 이제 짝이야."

빛나는 눈과 왕독이는 머리와 머리를 맞대고 집게를 뒤로 올려 물구나무서기를 하였습니다.

서로 곧게 뻗은 꼬리를 부비면서 끝을 몇 번이고 얽는 동작을 했습니다.

"자, 이리 와."

빛나는 눈이 자기의 집게로 왕독이의 집게를 잡

았습니다.

 전갈 수컷의 집게는 암컷 집게의 오목한 곳에 끼도록 되어 있답니다.

수컷이 암컷의 집게를 제대로 잡을 수 없으면 몸의 일부 중 어디든 물고 끌고 가는 경우도 있답니다.

"아아, 빛나는 눈."

　왕독이는 집게를 꼭 잡힌 채, 빛나는 눈과 얼굴을 마주했습니다.

　그러곤 빛나는 눈이 끄는 대로 잠자코 따라갔습니다.

　수컷은 앞에 서서 뒷걸음을 칩니다.

암컷은 집게를 잡힌 채 수컷이 끄는 대로 따라가지요.

"헤헤."

빛나는 눈이 갑자기 걸음을 멈추고 방향을 휙 바꿉니다.

손을 꼭 잡은 채로 왕독이와 나란히 붙어 꼬리로 등을 살짝 긁어 주었습니다.

왕독이는 빛나는 눈이 점점 좋아집니다.

"어서 가자."

빛나는 눈은 왕독이의 손을 잡고 이리저리 거닐었습니다.

달빛이 아름다운 밤이었습니다.

"이제 집에 갈까?"

한참을 걷다가, 빛나는 눈이 부드러운 목소리로 말했습니다.

 빛나는 눈은 왕독이를 데리고 집으로 갔습니다.

 "문을 열어야지."

 빛나는 눈은 왕독이의 한쪽 집게만 놓아 주었습니다.

 다른 쪽 집게로는 왕독이의 집게를 잡은 채 다리로 흙을 파고 꼬리로 그 흙을 밀어냈습니다.

 "됐어."

 잠시 후, 집 입구가 뻥 뚫렸습니다.

 "어서 들어와."

빛나는 눈은 자기가 먼저 들어간 다음 왕독이를 끌어들였습니다.

"둘만 있는 거야."

왕독이가 들어가자, 빛나는 눈이 입구를 막았습니다.

왕독이와 빛나는 눈은 손과 손을 마주 잡고 얼굴을 꼭 맞대고 있었습니다.

어느 새 결혼식이 끝났습니다.

"어서 도망가야 해."

빛나는 눈은 몸을 돌려 살그머니 입구를 향해 걸어갔습니다.

"거기 서."

왕독이는 빛나는 눈을 잡으려고 집게를 휘둘렀습니다.

순간 왕독이의 집게가 빛나는 눈을 잡았습니다.

"미안해, 난 아기를 가졌단 말이야."

왕독이는 빛나는 눈을 독침으로 찌른 다음 천천히 씹어 먹었습니다.

암컷이 이렇게 왕성한 식욕을 보이는 것은 이 시기뿐입니다.

8월이 되어 새끼가 집을 나가면 다시 온순해진답니다.

"이제 아기를 낳아야지."

왕독이는 알을 낳기 시작했습니다.

"예쁘기도 하지."

알 속에는 아주 작은 새끼가 다리와 집게를 몸에 꼭 붙이고 웅크리고 있습니다.

 알을 싸고 있는 것은 단단한 껍질이 아닌 연하고 얇은 막이랍니다.
 전갈은 이런 알을 배 속에 30~40개나 가지고 있답니다.
 "우릴 도와주세요. 엄마."

알 속에 있는 새끼들이 소리쳤습니다.

전갈의 새끼들은 제 힘으로 알 밖으로 나오지 못한답니다.

"알았어. 내가 도와줄게."

왕독이는 입 가까이에 있는 작은 집게로 알의 얇은 막을 찢어서 먹었습니다.

"조심. 조심."

왕독이는 새끼에게 조금도 상처를 입히지 않고 얇은 막을 벗겼습니다.

전갈은 솜씨가 없어 세밀한 일에는 안 어울릴 것 같지만, 놀랄 정도로 일을 잘한답니다.

"야, 밖으로 나왔다."

막 밖으로 나온 전갈의 새끼는 흰색이며 몸길이는 9밀리미터 정도입니다.

"자, 어서 엄마의 등으로 올라오렴."

왕독이는 집게를 땅에 대어 주었습니다. 새끼들은 그 집게를 계단 삼아 엄마의 등 위로 기어올라 갔습니다.

마치 여행객이 배나 비행기를 타고 내릴 때 사용하는 사다리인 '트랩'을 타고 비행기에 오르는 것 같았습니다.

"떨어지면 안 돼."

새끼들은 엄마의 등 위에서 서로 어울려 무리를 이루고 있습니다.

어엿한 발톱을 갖고 있어서 미끄러져 떨어질 염려는 없지요.

"앗!"

그때 새끼 한 마리가 떨어졌습니다.

왕독이는 아무렇지도 않은 듯 태연합니다.

"다시 올라가야지."

새끼는 발을 버둥대다가 다시 엄마의 집게를 타고 올라갔습니다.

왕독이는 새끼들을 태운 채로 집 안에 가만히 있습니다. 아무것도 먹지 않고 말이에요.

움직이면 안 돼
엄마의 등 위에서

꼼짝해서도 안 돼
허물을 벗을 때까지

전갈의 새끼들은 일주일 정도 엄마의 등 위에서 꼼짝도 않고 있었습니다.

"이제 껍질을 벗자."

새끼들의 몸 여기저기가 동시에 벗어지면서, 껍질이 누더기같이 떨어져 나갔습니다.

"진짜 전갈 모습이로구나."

왕독이는 사랑스러운 눈으로 새끼들을 바라보았습니다.

지금까지 새끼들은 얇은 잠옷을 입은 것 같은 모습을 하고 있었지요.

"이야, 신난다."

이제 새끼들은 땅 위로 내려와 놀기 시작했습니다. 몸도 훨씬 커져서 14밀리미터나 됩니다.

그러나 태어나서 아무것도 먹지 않았기 때문에 체중은 늘지 않고 덩치만 커졌답니다.

"발판으로 올라가자."

새끼들은 엄마의 허리 근처에 가득 붙어 있는 발판을 타고 등 위로 올라갑니다.
 발판은 새끼들이 벗어 버린 껍질이 흰 끈처럼 된 것이랍니다.
 "애들아, 이 비탈밭은 우리들의 마을이란다."
 왕독이는 자기 엄마가 그랬던 것처럼 새끼들에게 이야기를 시작했습니다.

전갈 마을과 숲속 이야기, 이상한 마을, 움직이는 나무 등 많은 이야기를 들려주었지요.

새끼들은 엄마의 몸 밑으로 들어가 머리만 내놓고 듣기도 하고, 꼬리에 올라가 장난을 치며 듣기도 했습니다.

흰색이던 새끼들의 몸이 어느새 옅은 누런색으로 변했습니다.

배와 꼬리는 붉은색이 되고, 집게는 엷은 누런색이 되었습니다.

"자, 이제 떠나거라."

전갈 새끼들은 태어나서 2주일 정도 엄마의 등이나 그 주위에서 지냅니다.

그동안에는 아무것도 먹지 않는답니다.

"엄마, 안녕."

새끼들은 왕독이의 말대로 하나 둘씩 떠나갔습

니다.

"자, 이제부터 혼자 사는 거야. 잘 자라렴."

왕독이는 새끼들이 떠나는 모습을 잠시 지켜보았습니다.

그러고 나서 집으로 들어가 따뜻해진 돌에 등을 기대었습니다.

이렇게 파브르 할아버지와 손녀 루시의 왕독이 관찰이 끝났습니다. 사랑을 나누고, 새끼를 낳고, 사랑하는 자식들을 떠나보내는 일을 한 번도 배운 적이 없는데도 왕독전갈들은 어떻게 그렇게 잘할 수 있을까요? 루시는 놀라워하며 다음 곤충들의 세상으로 떠날 준비를 합니다.

다음 이야기에서 파브르는
손녀 루시와 큰배추흰나비 여행을 띠납니다.

왕독전갈은 언제 독침을 쓸까?

전갈은 전갈과에 속하는 절지동물(팔, 다리에 마디가 있는 동물)입니다. 몸의 길이는 3.5~20센티미터로 다양합니다. 몸은 짧은 머리가슴(머리와 가슴 부분이 구별 없이 하나로 합쳐진 부분)과 좁고 긴 가슴으로 나뉘는데, 꼬리 끝에는 독침이 있습니다. 주로 건조한 곳이나 더운 곳에 많이 삽니다. 어두운 것을 좋아하는 야행성(밤에 주로 활동하는 행동방식)이어서 낮에는 돌이나 나무 밑에 숨어 지냅니다. 거미, 파리, 바퀴벌레, 메뚜기 등을 잡아먹습니다. 대부분 독을 가지고 있지만, 사람에게 해를 끼칠 만한 독을 지니고 있는 것은 20여 종 정도입니다. 이 책의 주인공인 왕독전갈은 랑그도크전갈입니다. 프랑스의 랑그도크 지역에 많이 살고 있는 랑그도크전갈은 가장 강한 독을 가진 전갈로 유명합니다. 하지만 아무 때나 독침을 쓰는 것은 아닙니다. 강한 적을 만났을 때에 사용합니다.

장 앙리 파브르 Jean Henri Fabre
일생을 바치다

　장 앙리 파브르는 평생을 곤충과 함께 살며 실험과 연구를 한 곤충학자입니다. 1823년 12월 남프랑스 레웅에서 가난한 농부의 아들로 태어났으며, 집안이 매우 어려워 네 살 때부터 할아버지 댁에 맡겨져 자랐습니다. 1839년 아비뇽 사범학교에 입학, 졸업 후에는 카루판트라스 초등학교 교사를 지냈으며, 1849년 코르시카 중학교의 물리 교사가 되었습니다. 이때 식물 채집을 하러 온 툴루즈 대학의 식물학자 탕드레 교수를 알게 되었고, 그 영향으로 생물학을 공부하게 되었습니다.

그 후, 곤충학자인 레옹 뒤푸르의 논문을 읽고 곤충의 생태 연구에 일생을 바치기로 결심했습니다. 1871년 학교를 그만둔 파브르는 어린이를 위한 과학 이야기를 썼으며, 1879년 '곤충기'를 쓰기 시작하여 30년 만인 1909년에 10권을 완성했습니다.

　《파브르 곤충기》는 세계 자연과학계에서 그 전례를 찾아볼 수 없는 위대한 기록물로, 살아 있는 곤충에 대한 관찰과 실험, 연구를 통해 곤충의 세계를 관찰한 대기록입니다. 곤충이 어떻게 집을 짓고, 어떻게 새끼를 치고, 어떻게 살아가는지 등의 생태를 아주 상세하게 그리고 있습니다.

　이 작품은 1915년 파브르가 세상을 떠날 때까지 열정적으로 연구했던 신비로운 곤충의 세계를 통해, 컴퓨터 백과사전이 발달한 현대 사회에서도 여전히 우리에게 새로운 지식과

흥미의 세계를 열어 주고 있습니다.

파브르 곤충기가 귀중한 것은 단순히 그것이 전해주는 정보와 지식 때문만은 아닙니다. 세상을 바라보는 발상의 전환, 창의적인 시선, 독창적인 세계관을 갖게 해 주는 파브르 곤충기는 어린이와 어른 모두가 평생을 곁에 두어야 할 자연과학의 클래식입니다.

여러분은 파브르와 함께 우리 주변의 흔한 곤충을 다시 새롭게 바라보고, 생물 관찰을 통한 깊이 있는 사고를 통해 자연의 의미를 되새기는 인문학적 교양을 넓힐 것입니다. 또한 생명에 대한 철학적이고도 비판적인 질문하기를 통해, 우리가 자연 속의 생명체와 더불어 숨 쉬고 있는 존재임을 깨닫게 되길 바랍니다.